RÉSUMÉ HISTORIQUE

DE LA

MISSION DES AUMONIERS CHRÉTIENS PROTESTANTS A L'ARMÉE D'ITALIE

EN 1859 ET 1860

COMPTE RENDU

AUX DONATEURS

PAR LA COMMISSION MIXTE

COMPOSÉE DE MEMBRES DES DEUX CONSISTOIRES DE PARIS

ÉGLISE RÉFORMÉE ET ÉGLISE ÉVANGÉLIQUE DE LA CONFESSION D'AUGSBOURG

PARIS

TYPOGRAPHIE ET LITHOGRAPHIE DE Mme SMITH

RUE FONTAINE-AU-ROI, 18.

1861

RÉSUMÉ HISTORIQUE

DE LA

MISSION DES AUMONIERS CHRÉTIENS PROTESTANTS

A L'ARMÉE D'ITALIE

PENDANT LES ANNÉES 1859 ET 1860

La Commission mixte, après avoir exposé dans un premier rapport l'œuvre des aumôniers protestants en Crimée, vient rendre compte aujourd'hui de l'œuvre analogue accomplie pendant la guerre d'Italie.

L'armée française rentrait en campagne. De là, pour l'Église, le devoir de pourvoir, comme en 1855, aux besoins religieux de nos soldats protestants. La Commission mixte se réunit le 9 mai 1859, et, se fondant sur le décret de novembre 1846 et sur les antécédents de la guerre d'Orient, elle décida la nomination d'aumôniers protestants et leur présentation au Ministre de la Guerre, avec la demande que, cette fois, ils fussent entretenus aux frais de l'État. Elle informa en conséquence S. Ex. M. le Ministre de la Guerre qu'elle était prête à s'occuper, pour l'armée d'Italie, d'aumôniers dont la nomination serait soumise à son exequatur dès qu'elle aurait été régulièrement faite par l'autorité ecclésiastique.

Le 1er juin 1859, S. Ex. M. le Ministre des Cultes répondit à la Commission que le Ministre de la Guerre avait décidé « d'attacher des pasteurs protestants à l'armée d'Italie, en

« leur accordant les mêmes allocations qu'aux aumôniers ca-
« tholiques. »

M. Rouland ajoutait : « Je me suis empressé de demander
« l'avis du Conseil central sur ce qu'il y avait de mieux à faire
« pour assurer à cette décision l'exécution la plus utile et la
« plus prompte. Le Conseil me répond que, lors de la guerre
« de Crimée, une Commission composée de membres appar-
« tenant aux deux communions protestantes s'était formée
« pour choisir et envoyer des pasteurs à l'armée expéditionnaire ;
« que cette Commission, qui avait rempli son mandat à l'approba-
« tion générale, existe encore, prête à reprendre sa tâche avec
« le même dévouement. Il me demande en conséquence de
« vouloir bien inviter la Commission à me désigner des can-
« didats et correspondre officiellement avec moi pour cet
« objet.

« Le Conseil central ne pouvait me proposer un auxiliaire
« plus expérimenté et plus digne de ma confiance. Certain
« d'avance que vous ne me refuserez pas votre utile concours,
« je vous prie, Messieurs, de m'adresser, lorsque vous serez
« en mesure de le faire, une liste des pasteurs qui seraient
« disposés à s'acquitter des fonctions temporaires dont il s'agit,
« et qui vous paraîtraient les plus propres à remplir la respec-
« table mission qui leur serait confiée. »

Au moment où le Gouvernement faisait à la Commission un
accueil si favorable, de précieux encouragements lui arrivaient
de divers autres côtés ; le Directoire de l'Église de la Confession d'Augsbourg, la Société des Livres religieux de Toulouse,
le Comité étranger d'évangélisation (par l'organe de M. le
comte de Saint-Georges), plusieurs Consistoires, Sociétés et
pasteurs lui offraient leur concours le plus empressé et le plus
sympathique (1).

---

(1) Il ne faut pas oublier que les deux Consistoires de Paris, celui de l'Église
de la Confession d'Augsbourg avec la sanction du Directoire de cette Église, et
celui de l'Église réformée, avaient continué le mandat de la Commission mixte
après la guerre d'Orient.

Il ne restait donc plus qu'à trouver le personnel de la mission.

Les aumôniers de la campagne de Crimée étant tous engagés ailleurs, la Commission s'occupa des offres diverses qui lui étaient faites, et son choix se porta sur MM. Müntz, président du Consistoire d'Ingwiller; Lequeux, pasteur à Fresnoy-le-Grand; Sahler, pasteur à Montbéliard; Orth, pasteur à Brévilliers; Schwalb, pasteur à Schweighausen.

Il n'y avait pas un instant à perdre; de sanglantes batailles se livraient coup sur coup en Italie, et rendaient le ministère de nos aumôniers de plus en plus urgent; aussi se hâtèrent-ils de se rendre à leur poste, dès que leur nomination eut reçu la sanction ministérielle.

M. Sahler, après être venu prendre à Paris les directions nécessaires, se mit en route le premier, et, arrivé le 17 juin à Turin, il était le 19 à Milan. Les hôpitaux de ces deux villes étaient déjà encombrés de soldats blessés; Milan, pour sa part, en contenait de 6 à 8,000, dont 3 ou 400 protestants. Mais avant d'entrer en fonctions, M. Sahler dut rejoindre le quartier-général à Montechiari, et y recevoir du major-général de l'armée les autorisations nécessaires à l'exercice de sa mission.

M. Sahler à Turin, Milan, Montechiari, 17 à 22 juin 1859.

Ses quatre collègues le suivirent de près, et le 23 juin ils reçurent communication officielle de leur destination respective. M. Müntz était attaché à la garde impériale, M. Sahler au 1er corps, M. Lequeux au 2me corps, M. Orth au 3me, M. Schwalb au 4me.

La Commission mixte avait pensé, en effet, qu'il serait bon que nos aumôniers fussent attachés aux différents corps d'armée, et pussent les accompagner dans leurs marches. Mais les mouvements incessants d'une armée en campagne, le transport journalier des blessés de l'ambulance dans les hôpitaux des grandes villes firent modifier ces dispositions premières; la plupart des aumôniers, d'accord avec les chefs des divers corps, émirent l'avis que leur ministère pourrait s'exercer plus efficacement dans les grands centres d'hôpitaux. En conséquence, MM. Müntz et Lequeux furent dirigés sur Milan, M. Schwalb

MM. Müntz et Lequeux à Milan.

sur Brescia, M. Orth sur Gênes. M. Sahler seul resta attaché à son corps d'armée et en suivit tous les mouvements, étant obligé quelquefois de coucher en rase campagne et presque sans abri, n'ayant pu se pourvoir encore des effets indispensables à un militaire en marche. Arrivé à son poste le 23 juin 1859, M. Sahler avait été reçu avec une grande bienveillance par le maréchal Baraguey d'Hilliers, qui lui fit donner un cheval et tout ce qui était nécessaire au libre exercice de sa mission, soit dans l'ambulance du quartier-général, soit auprès des soldats valides du corps d'armée.

M. Sahler à Solferino, 24 juin 1859.

Le lendemain 24 avait lieu la terrible bataille de Solferino, à laquelle M. Sahler assista. « Mon ministère, écrivait-il quelques « jours après, a dû se borner, en ces tristes jours, à donner « quelques paroles de foi, d'encouragement et de prière à de « pauvres blessés, à écrire de leur part quelques lettres à leurs « familles, et à aider les médecins. »

Les jours suivants commença pour lui un travail long et difficile; il s'agissait de découvrir les coreligionnaires de son corps d'armée. Des listes de militaires protestants avaient été dressées *ad hoc* par le Directoire de l'Église de la Confession d'Augsbourg et par le secrétaire de la Commission mixte ; malheureusement ces dernières étaient fort incomplètes, beaucoup de familles n'ayant donné que des indications vagues, d'autres n'en ayant pas donné du tout. M. Sahler, qui séjournait alors dans le bourg de Castel-Nuovo, à peu de distance de Peschiera, se rendait journellement dans les campements d'un grand nombre de régiments qui se trouvaient dans les environs. Il put dresser une liste de 423 soldats protestants, avec la plupart desquels il s'entretint. Ce chiffre, qui aurait été plus considérable s'il eût pu visiter tous les régiments, prouve à lui seul la nécessité de l'envoi d'aumôniers protestants auprès de l'armée. Au reste, la tâche de M. Sahler fut facilitée par la bienveillance des colonels auxquels il s'adressa. Presque tous le firent obligeamment accompagner par un adjudant qui dirigeait ses recherches. On peut se figurer la joie qu'éprouvaient les soldats protestants lorsqu'ils entendaient la voix d'un ministre de l'Évangile dans des circonstances pour tous si solennelles, et à la veille pour chacun d'une mort possible. M. Sahler s'exprime ainsi à ce sujet dans ses lettres : « Je pourrais à peine « citer un fait de légèreté de la part de quelque soldat plaisant, tandis que je puis raconter plusieurs traits qui montrent que mon ministère est apprécié. Ainsi un capitaine du « 100ᵉ est venu à moi, me disant « qu'il aimait infiniment « nos publications religieuses, et me demandant comme une « faveur de lui donner quelques lectures d'édification. » — Un « sapeur qui m'avait accompagné longtemps et auquel je voulais remettre une pièce d'argent, me répondit : « Pas d'argent, mais un de vos livres, s'il vous plaît. » — Et il n'y « eut pas moyen de lui faire accepter autre chose. »

M. Sahler continua son œuvre pastorale jusqu'au moment où l'armistice, et bientôt après le mouvement des troupes vers la France, conséquence de l'entrevue de Villafranca, vinrent y mettre un terme. Il demanda alors et obtint de quitter son corps d'armée pour aller se fixer d'abord à Brescia, puis à Milan. Il arriva en cette dernière ville le 30 juillet.

M. Schwalb se trouvait à Brescia depuis le mois de juin. Comme ses collègues, il s'était rendu d'abord auprès du corps qui lui avait été affecté (le 4ᵉ); mais, sur la demande même de l'intendant général, il n'avait pas tardé à fixer sa résidence à Brescia, et y avait trouvé 32 hôpitaux, la plupart établis dans les églises, et dont quelques-uns contenaient jusqu'à 4 et 500 blessés. Pour trouver ici nos coreligionnaires, il suffisait de parcourir les différents lits et de s'informer auprès des malades eux-mêmes. M. Schwalb se mit aussitôt à l'œuvre, donnant ses soins spirituels non-seulement aux Français, mais aussi aux blessés autrichiens qui s'y trouvaient en grand nombre, et qui reçurent avec une profonde reconnaissance les paroles de consolation, de relèvement et d'amour qui leur furent adressées. M. Schwalb eut la joie de pouvoir célébrer un jour le service divin dans l'un des hôpitaux de la ville.

M. Sahler à Milan, le 30 juillet 1859.

M. Schwalb à Brescia depuis le mois de juin 1859.

Il eut pendant quelque temps des collaborateurs; c'étaient M. le pasteur Charpiot et trois étudiants de l'École de théologie de Genève, qu'un Comité de cette ville avait envoyés en Italie auprès des militaires blessés, dans un but à la fois philanthropique et religieux.

C'est avec reconnaissance que nous mentionnons les secours spirituels et matériels que ce Comité accorda à nos compatriotes. M. Sahler aussi vint passer une quinzaine de jours à Brescia; ce qui permit à M. Schwalb de faire quelques visites aux hôpitaux de Bergamo.

Cependant la suspension des hostilités ne tarda point à enlever à Brescia la plupart de ses malades. « A la place des « 39 hôpitaux qu'il y a eu ici un moment, écrit M. Schwalb, « sous la date du 15 août, on n'en compte plus que 14, et « d'ici à quelques jours le chiffre va être encore bien ré-« duit. »

A la fin du mois, il ne restait en effet qu'un très petit nombre de malades, qui pouvaient être évacués d'un moment à l'autre sur Milan et sur Gênes.

En conséquence de cet état de choses, M. Schwalb, considérant son œuvre à Brescia comme terminée, quitta cette ville, le 5 septembre 1859, après y avoir séjourné deux mois complets, et se rendit à Milan, qui avait été, depuis le commencement de la guerre, le véritable centre de la mission protestante.

On se rappelle que MM. Müntz et Lequeux s'étaient dès l'abord établis dans cette capitale, qui ne contenait pas moins de 10,000 blessés, tant Français que Sardes et Autrichiens, répartis dans une vingtaine d'hôpitaux. Les deux aumôniers s'étaient partagé la tâche, M. Lequeux s'occupant plus particulièrement de nos coreligionnaires de langue française, M. Müntz se consacrant plus particulièrement à la visite des soldats de langue allemande (Alsaciens et légion étrangère), et par conséquent aussi des blessés autrichiens; et l'on comprend aisément la joie de ces derniers à l'ouïe des paroles d'affection et de consola-

tion chrétiennes qui leur étaient adressées dans leur langue
maternelle (1).

La tâche des deux aumôniers de Milan, presque au-dessus
de leurs forces durant les premières semaines, demeura
jusqu'à la fin extrêmement pénible, tant à cause de la chaleur
tropicale qui régnait alors, que du nombre toujours croissant
des malades, et du passage continuel de militaires valides.
Vis-à-vis de ces derniers, qu'ils rencontraient un moment
pour les voir s'éloigner quelques heures après, le seul moyen
d'action était quelques paroles et la distribution de traités
religieux et de Nouveaux Testaments.

Ils furent aidés dans cette partie de leur œuvre par M. Blaes,
évangéliste envoyé en Italie par la Société des Traités religieux
de Paris, et nos aumôniers se plaisent à rendre le meilleur
témoignage à la coopération active, intelligente et vraiment
dévouée de ce cher frère (2).

Ces distributions de livres et de traités, toujours accueillies
avec empressement, devinrent plus d'une fois l'occasion de vé-
ritables prédications en plein air. M. Müntz cite l'exemple sui-
vant : « A l'occasion du départ (pour Ajaccio) du 1er régiment
« de la légion étrangère, il y a eu une circonstance vraiment
« providentielle. Je manquais totalement de livres allemands.
« Hier m'en arrive justement de très bons pour les militaires.
« Pendant qu'on transporte la caisse chez moi, j'apprends que
« le régiment a reçu l'ordre inattendu de partir aujourd'hui.

(1) Il n'est pas sans intérêt de connaitre le touchant motif qui attirait M. Müntz
vers les Autrichiens. En 1814, lors de l'invasion étrangère, un officier autrichien
avait pris son quartier chez ses parents. M. Müntz, alors tout jeune, était malade.
La nature de son mal étant pour le militaire étranger un objet de dégoût, il mit
l'enfant à la porte. De là une surdité dont il a souffert toute sa vie. C'était ce souvenir qui, dans son cœur plein de foi, stimulait sa charité envers les compatriotes
de l'officier.

(2) Mentionnons aussi la rencontre qu'ils firent, dès les premiers jours de leur
arrivée à Milan, de M. le marquis de Brias, qui, de son propre mouvement, s'était
rendu en Italie, désireux d'être utile à nos coreligionnaires blessés, ainsi qu'à
tous nos soldats souffrants.

« Vite, je me mets à l'œuvre pour profiter le mieux possible
« du peu de temps qui me reste. Vous dire la joie et les sen-
« timents vraiment religieux avec lesquels ces livres furent
« reçus est impossible. Ce fut au-delà de toutes mes espé-
« rances. On eût dit une résurrection de toutes les bonnes
« impressions de l'enfance dans les âmes de ces fils de l'Alle-
« magne. C'était à faire pleurer de joie et de reconnaissance
« envers Dieu, qui remuait ainsi les cœurs. Le portique de la
« caserne où nous nous tenions devenait un temple. Je pou-
« vais dire les choses les plus solennelles. On écoutait avec
« une émotion qui avait quelque chose d'électrique. Un
« Italien qui survint, et qui voulut faire des plaisanteries,
« s'éloigna frappé de l'indignation avec laquelle tous le regar-
« daient. J'ai rarement senti à ce degré l'action de l'Esprit de
« Dieu sur des cœurs longtemps éloignés de lui. Je proclamais
« la grâce que nous a acquise notre Seigneur Jésus-Christ en
« mourant pour nous sur la croix. Au nom de Jésus-Christ,
« nul visage ne resta indifférent. C'était comme un éclair sur
« les traits de beaucoup d'entre eux. Béni soit le Seigneur ! Je
« lui rendais grâces du fond de mon cœur en retournant chez
« moi, et vous lui rendrez grâces aussi certainement. »

Pendant que l'œuvre s'accomplissait ainsi à Brescia et à
Milan, M. Orth se fixait, dès le 3 juillet, à Gênes, où nos soldats
malades en fort grand nombre se trouvaient répandus dans
huit hôpitaux, très distants l'un de l'autre. Sa tâche lui fut
facilitée, pour ce qui regarde le matériel du service, par les
directeurs laïques des hôpitaux, et pour le spirituel, par le
concours empressé de quelques dames protestantes de la ville,
et surtout de l'évangéliste italien M. Astegiani.

Bientôt, du reste, M. Orth eut la joie de voir un nouveau
collègue se joindre à lui. C'était M. Schœn, pasteur à Walin-
court, proposé par la Commission mixte et nommé, par S. Ex.
M. le Ministre de la Guerre, aumônier du 5e corps. Arrivé à
Gênes le 20 juillet, il s'y établit d'après son désir et avec
l'approbation de l'autorité militaire. Ce secours était on ne

peut plus nécessaire à M. Orth, car Gênes était presque exclu-
sivement un lieu de passage pour les malades; à peine y sé-
journaient-ils deux ou trois jours, ce qui exigeait des visites
extrêmement fréquentes aux hôpitaux. Elles purent dès lors se
faire très régulièrement, et même, pendant un certain temps,
un service religieux put être célébré en allemand et en
français.

M. Schœn, qui s'était chargé de l'hôpital San Benigno, le
plus considérable de Gênes, y trouva, dans l'espace de quatre
mois et demi que dura sa mission, environ 200 malades protestants. — Dans une première tournée pastorale faite au mois
d'octobre, le peu de malades dans les hôpitaux de Gênes lui
permettant de s'absenter pour quelques jours, il put visiter
les hôpitaux d'Alexandrie, de Pavie, de Plaisance, de Crémone,
de Lodi, de Novare et de Verceil, et y découvrit une qua-
rantaine de blessés protestants, malades pour la plupart depuis
de longues semaines, et n'ayant reçu aucune visite d'aumôniers.
— Dans une seconde tournée, faite à Pavie et à Plaisance
en décembre, il eut la joie de réunir en culte les quelques militaires protestants valides de l'une des casernes de ces villes.

En même temps, MM. Orth et Schœn s'efforçaient de ré-
pandre la Parole de Dieu, et en plus d'une occasion ils purent
se convaincre qu'elle était réellement lue par ceux qui la rece-
vaient : « Un jour, écrit M. Orth, j'apportai une Bible à un
« sergent blessé; en sortant de l'hôpital, une demi-heure après,
« je le vis assis sur un banc dans la cour, lisant à haute voix
« à quatre ou cinq de ses camarades. — Une autre fois, un
« blessé me dit : « C'est drôle, je l'ai déjà lu trois fois, et cela
« ne m'ennuie pas encore. » (Il parlait du Nouveau Testament.)

Ainsi s'accomplissait l'œuvre de nos aumôniers, partout
appréciée et partout bénie, à Gênes, à Milan, à Brescia et
ailleurs.

Il ne lui restait plus qu'à recevoir la consécration suprême
de l'épreuve. Toute entreprise humaine demeure imparfaite
tant qu'elle n'a pas passé par le creuset; on n'est pas chrétien

complet aussi longtemps qu'on n'a pas eu son Calvaire et sa croix. M. Müntz, frappé d'une attaque d'apoplexie foudroyante, fut subitement rappelé par son divin Maître, au milieu de son infatigable activité.

Mort de M. Müntz, le
2 août 1859.

« Hier, 2 août, à deux heures de l'après-midi, » écrivait M. Lequeux qui, d'ailleurs, le jour précédent, avait annoncé cette mort par le télégraphe, « hier, pendant qu'il causait avec « un prêtre à l'hôpital de San Francisco, M. Müntz est tombé « foudroyé par une attaque d'apoplexie. En tombant, il a « appelé M. Blaes, qui l'accompagnait et qui s'entretenait avec « d'autres personnes à quelque distance. Le nom de son aide « est le seul qu'il ait prononcé avant sa mort, qui a eu lieu « à quatre heures. Tous les secours de l'art lui ont été pro- « digués sur-le-champ. Plusieurs docteurs l'ont entouré des « soins les plus assidus ; mais tous les remèdes ont été im- « puissants. Il est mort sans reprendre connaissance et sans « souffrir beaucoup. Alors l'affreuse réalité s'est offerte à notre « esprit, qui jusque-là était comme paralysé par une attaque « si subite : celui que nous avions vu le matin encore si serein « et si cordial avait pour toujours quitté ce monde. » Et dans une autre lettre : « Aujourd'hui, nous nous sommes réunis « autour de lui avec des cœurs pénétrés de douleur, mais « cependant consolés par la pensée qu'il est mort à sa tâche. « Il avait tant de courage, qu'il ne rentrait jamais à midi pour « laisser passer les grandes chaleurs. Ni la faiblesse de sa « santé, ni ces chaleurs excessives, ni les conseils de ses « amis ne pouvaient l'empêcher de se porter du matin au soir « d'hôpital en hôpital ; souvent même il consacrait ses soirées « à parcourir le camp pour s'y entretenir avec les soldats qu'il « rencontrait. »

Funérailles, 4 août 1859

L'inhumation eut lieu le 4 août, à huit heures du matin. MM. Schwalb et Schœn, prévenus par dépêche télégraphique, s'étaient empressés d'accourir pour rendre les derniers de- voirs à leur cher collègue. « Nous étions tous réunis, écrit « M. Sahler, à l'hôpital de San Francisco, avec M. Blaes.

« M. Basile, évangéliste de la Société de Turin; M. Schnec-
« gans, capitaine d'état-major de Strasbourg. Plusieurs sol-
« dats et bourgeois protestants s'étaient joints à nous. Une
« compagnie du 95e de ligne avait été désignée par l'autorité
« militaire pour lui rendre les honneurs dûs à son rang.

« Au moment de l'enlèvement du corps, je fis une prière
« pour demander au Seigneur de nous faire assister à cette
« triste cérémonie avec des sentiments de soumission et d'a-
« doration. Puis le cortége se mit en marche, ayant à sa tête
« M. le pasteur Kind, qui avait mis son église à notre dispo-
« sition avec beaucoup d'empressement. Ce cher frère, dans
« une allocution simple et touchante, retraça les principaux
« traits du caractère de M. Müntz, nous le montra mourant
« à son poste comme un soldat de Jésus-Christ, et puisant
« dans sa foi la charité qui l'avait poussé auprès de ses frères
« d'Italie.

« Le service religieux terminé, le cortége se dirigea vers le
« cimetière de la porte *Vercellina*.

« Avant qu'on descendît dans la tombe le corps de notre
« frère, M. Lequeux nous parla un moment de lui, puis lui
« adressa de solennels adieux, tant en son nom qu'en celui de
« ses collègues, de ses amis et de sa famille. »

Une modeste pyramide noire, surmontée d'une croix blan-
che placée sur sa tombe, servira à désigner la place où repose
la dépouille mortelle de notre frère. On y lit ces paroles :
*Adolphe Müntz, aumônier de l'armée d'Italie, mort le 2 août
1859. Christ est ma vie, et la mort m'est un gain.*

Cette mort nous rappelle la mission de nos aumôniers en
Crimée, et le départ subit de MM. Chardon et Babut, enlevés,
comme M. Müntz, au milieu de leur activité et de leur dévouement. Ne les plaignons pas; car, comme on l'a dit, pour
un aumônier militaire, mourir dans un hôpital, c'est tomber
au champ d'honneur.

Qu'ils vivent ensemble et longtemps encore dans nos cœurs
et dans le souvenir pieux de nos Églises reconnaissantes.

La Commission mixte, dans sa séance du 18 août 1859, s'unissant aux regrets universels que causait la mort de M. Müntz, consignait dans son procès-verbal les sentiments d'estime et d'affection que ce cher frère lui avait inspirés, et ceux de sa résignation à la volonté mystérieuse mais paternelle du Tout-Puissant. Et elle ajoutait : « Puisse cette dis- « pensation, semblable à celle qui nous causa deux fois une « si vive affliction pendant la guerre de Crimée, par la mort « de Chardon et de Babut, être bénie pour l'âme de plusieurs « qui ont ressenti ce coup dans le fond de leur cœur ! »

Cependant la mission de nos aumôniers en Italie devait bientôt toucher à sa fin. Les préliminaires de Villafranca étaient signés, et déjà l'armée se mettait en mouvement pour rentrer en France. Dans ces conditions, la Commission, qui déjà avait formé une liste de six nouveaux candidats, ne jugea pas à propos de donner suite à son projet d'avoir un aumônier activement attaché à chaque corps d'armée. Elle ne crut pas non plus nécessaire de demander un successeur pour M. Müntz. M. Schwalb resta à Brescia, MM. Orth et Schœn à Gênes. Quant à M. Sahler, il s'établit à Milan, pour ne pas laisser M. Lequeux seul à la tâche.

Au commencement de septembre, les hôpitaux s'étaient déjà dépeuplés, au point que le personnel de notre mission put être réduit sans inconvénient. Aussi, le 10 septembre, sur la demande de la Commission mixte, trois aumôniers furent-ils autorisés à rentrer dans le sein de leurs Églises : MM. Sahler, Orth et Lequeux ; M. Schœn resta près de trois mois encore après le départ de ses collègues, et, après avoir recommandé le peu de malades qui demeuraient encore dans les hôpitaux de Gênes, à M. le pasteur Bert fils, et les militaires valides à M. Gay, pasteur de l'Église vaudoise, il quitta l'Italie, le 6 décembre 1859, pour retourner dans son Église, qui l'avait instamment réclamé.

Il fut décidé que M. Schwalb resterait à Milan, spécialement attaché au corps d'occupation. Pendant les six premiers mois de l'année 1860, indépendamment des soins journaliers qu'il donnait aux malades, il s'occupa des valides ; et les mouvements de troupes ayant cessé, il put tenir des réunions d'édification sur semaine. Lorsque M. le pasteur Kind eut quitté son poste de Milan, où il se trouve une communauté évangélique allemande française, M. Schwalb le remplaça jusqu'à l'arrivée de son successeur, M. Paira, venu d'Oran, et, en février 1860, il put faire une tournée en Lombardie et visiter les casernes et les hôpitaux de Lodi, Crémone, Pavie, Plaisance, etc. A la fin de juin, après un séjour d'un peu plus d'un an en Italie, il se remit en route pour la France, heureux de trouver sa bien-aimée paroisse, « *sa chère fiancée,* » comme il l'appelait dans ses vers.

Nous nous réjouissions de le voir à son passage à Paris, et d'entendre de sa bouche le dernier rapport qu'il avait encore à faire. Mais le Seigneur en avait décidé autrement. Il s'était arrêté chez un de ses amis, M. Crès, pasteur à Vallon, dans l'Ardèche ; et c'est là que le divin Ami vint le chercher tout-à-coup. Le 14 juillet 1860, il rendait son âme à Dieu. Humilions-nous en adorant, et au lieu de le plaindre, portons-lui plutôt envie ; car, couronné à l'issue du premier combat, il se repose maintenant de ses travaux. Ce qu'il y avait d'affectueux et de profondément chrétien dans son âme nous est révélé par quelques poésies qu'il a laissées et qui viennent d'être publiées (1). Nous n'avons pu les lire sans émotion ; nous y avons trouvé une soumission ferme et rare à la volonté de Dieu, une vie déjà puissante en Christ, par moments la sainte maladie du ciel, et comme un pressentiment d'une mort prochaine. Il était mûr pour un monde meilleur, et le Seigneur l'a cueilli. Ses pensées ne sont pas nos pensées, et ses voies ne sont pas nos voies.

En terminant ce compte-rendu, nous ne pouvons nous empêcher de mentionner l'appui bienveillant et généreux que

---

(1) Seulement pour ses proches et ses amis.

nous avons trouvé auprès de S. Ex. M. le maréchal Randon, et la distinction dont il a bien voulu honorer le corps de nos aumôniers en la personne de M. Sahler, nommé chevalier de la Légion-d'Honneur. Nous avons continué à trouver auprès de M. Darricau, conseiller d'État, directeur de l'Administration de la guerre, l'appui bienveillant et éclairé qui nous avait déjà été si utile pendant la guerre d'Orient.

En Italie, nos aumôniers n'ont eu qu'à se louer des sentiments de l'autorité militaire à leur égard, et des facilités qui leur furent données, par MM. les maréchaux ou généraux commandant les corps d'armée, pour exercer en toute liberté les fonctions de leur ministère. Les pasteurs de Turin, de leur côté, leur ont donné, avec le plus louable empressement, tous les renseignements et toutes les directions qui pouvaient leur être utiles. MM. les pasteurs Meille et Bert père, même avant l'arrivée de nos aumôniers en Italie et vu les pressants besoins du moment, ont bien voulu faire pour nos soldats tout ce qui était en leur pouvoir, à côté des autres occupations de leur charge au milieu de leurs Églises. A Gênes aussi MM. Gay et Bert fils n'avaient pas attendu que nous les en priassions, ils avaient visité nos coreligionnaires avant que nos pasteurs y arrivassent. Leurs noms, joints à ceux de leurs collègues de Turin, de M. Kind à Milan, et de l'évangéliste M. Astegiani nous seront toujours chers. Nous remercions aussi M. Mazzarella, alors directeur de l'Église libre de Gênes, qui fit à nos aumôniers un accueil cordial et leur prêta une assistance fraternelle ; nous remercions toutes les personnes qui, en différentes villes, cherchèrent à les aider dans leur ministère, et nous implorons sur elles la bénédiction de notre Dieu et Sauveur.

Les directeurs laïques des différents hôpitaux leur ont fait aussi généralement le meilleur accueil ; quelques-uns sont allés même jusqu'à les prier de leur faire, sur la tenue de l'établissement, les observations que leurs visites ou leurs entretiens avec les malades pourraient leur suggérer.

Nous mentionnons avec regret les difficultés réelles et parfois provocatrices de la part de quelques ecclésiastiques italiens et des personnes sous leurs ordres, particulièrement dans l'hôpital de Milan, nommé *Fate Bene Sorelle,* et le prosélytisme indiscret exercé par eux sur quelques militaires autrichiens. — Nous passons là-dessus, en rappelant avec plaisir que les rapports de nos aumôniers avec leurs collègues catholiques romains attachés à l'armée française furent tels que nous pouvions le désirer. M. Schwalb se plaît à raconter la réception toute bienveillante que lui firent quelques-uns d'entre eux à son arrivée à l'armée. Nous apprécions ces égards mutuels, en remerciant et ceux qui les ont témoignés et nos aumôniers qui, nous le croyons, les ont mérités.—Nous les remercions de leur dévouement et de leur activité; ils ont répondu aux désirs et aux besoins de l'Église; que le Seigneur les bénisse, ainsi que leurs prédécesseurs dont ils nous ont rappelé la fidélité. En rapportant toujours toute gloire à son Chef unique et suprême, à son Rédempteur adorable, l'Église a sujet d'être reconnaissante envers eux et leur exprime ici sa gratitude.

Et maintenant, quels ont été les résultats de notre mission en Italie? Ils ne peuvent s'évaluer en chiffres; mais nous croyons fermement que la semence répandue a été bénie par ce Dieu qui donne l'accroissement. Parmi nos soldats protestants, plus d'un, nous en avons la douce confiance, a vu, sur le lit de douleur, son âme s'ouvrir à la glorieuse espérance de la vie éternelle en Celui qui est la résurrection et la vie. Plus d'un blessé a puisé dans un regard sur le Calvaire le secret de sa résignation héroïque, et plus d'un mourant a pu s'en aller en paix, disant comme Siméon : « Seigneur, tu « laisses maintenant aller ton serviteur en paix, car mes yeux « ont vu ton salut ! »

Cette mission d'Italie est pour le protestantisme français une précieuse conquête. Ce qui, en 1855, n'était qu'un antécédent est, depuis 1859, un fait accompli. Il y a plus : par la nomination d'un aumônier à l'armée expéditionnaire de Chine, l'Église protestante de France semble être entrée en possession d'un droit. Ce droit lui impose un devoir qu'elle saura toujours, nous l'espérons, remplir fidèlement, celui de veiller sur les siens avec une calme et sainte sollicitude.

Que le Seigneur lui fasse la grâce d'alimenter sa vie à la source pure des saintes Écritures, seule règle infaillible de la foi et de la vie chrétiennes; et que, fortifiée en toutes manières par son unique et divin Chef, elle brille au loin, par l'influence du Saint-Esprit, comme une ville sur la montagne, par l'éclat de sa foi, de sa sainteté, de son dévouement et de son amour !

La Commission mixte :

Le pasteur **Juillerat**, Président du Consistoire de l'Eglise réformée, Président de la Commission.

Le pasteur **L. Meyer**, Président du Consistoire de l'Eglise de la Confession d'Augsbourg, Inspecteur ecclésiastique.

D'Aldebert, Avocat, Membre et Secrétaire du Consistoire de l'Eglise réformée.

E. André, ancien Banquier, Membre du Consistoire de l'Eglise réformée et du Conseil central, Trésorier de la Commission.

Léon de Bussière, Conseiller d'Etat, Membre du Consistoire de l'Eglise évangélique de la Confession d'Augsbourg.

Général baron **de Chabaud-La-Tour**, Membre du Consistoire de l'Eglise réformée et du Conseil central.

F. Cuvier, Conseiller d'Etat, Membre du Consistoire de l'Eglise évangélique de la Confession d'Augsbourg.

F. Delessert, ancien Banquier, ancien Député, Membre du Consistoire de l'Eglise réformée.

Juncker, Inspecteur général des Mines, Membre du Consistoire de l'Eglise évangélique de la Confession d'Augsbourg.

Laffon de Ladébat, ancien Conseiller de Préfecture de la Seine, Membre du Consistoire et du Conseil central de l'Eglise réformée,

De Vivès, Général d'artillerie à cheval, Membre du Consistoire de l'Eglise évangélique de la Confession d'Augsbourg.

L. Vallette, pasteur de l'Eglise évangélique de la Confession d'Augsbourg, Secrétaire de la Commission.

DONS

FAITS A LA CAISSE DES AUMONIERS ÉVANGÉLIQUES

APRÈS LA CLOTURE DES COMPTES

QUI SUIVENT

Le Résumé historique de la Mission à l'armée d'Orient

(1854-1856)

De 1857 à 1860 :

MM. F. Verry, à Melun.	10 F.	» C.
Laforgue, pasteur à Nanteuil-les-Meaux. . .	2	50
Duvivier, pasteur à Saumur.	10	»
Mme Perry, à Tours.	10	»
M. J.-B. Doine, Église de Breuillac.	7	50
Anonyme à Rothau, par M. le pasteur Bühlmann.	1	»
Mme Eisenlohr, à Paris.	20	»
M. le général Dautheville, député, président du Conseil central des Églises réformées de France	40	»
M. et Mme Martin, à Vesoul.	20	»
Mlle Van Eyck, à Paris.	10	»
M. V., par M. le pasteur Vallette.	10	»
Collecte à Grenoble, par M. le professeur Jalabert	36	50
Collecte le jour du Jubilé à Clermont-Ferrant, par M. le pasteur Collins.	74	70
Collecte à Lasalle, par M. le pasteur Privat. . .	42	»
Mme veuve Dubrocas, à Orthez.	5	»
Mme veuve Lataste, à Orthez.	4	»
Total.	303 F.	20 C.

Les dépenses à nouveau sont :

Comptes soldés après l'impression du Rapport de la Mission en Orient (guerre de Crimée).

1857.	Lettres et copies diverses. . .	30ᶠ 68ᶜ	
	Impression du Rapport et envoi dudit.	1,533 80	} 1,564ᶠ 48ᶜ
1859.	Lettres de convocation lithographiées, lettres, envois, ports, courses, commissionnaires, télégrammes.	177 »	
	Équipements, robes pastorales, insignes, etc.	876 »	
	Envoi d'objets, emballage, achats de livres, ports de différentes caisses, douane, etc. . . .	622 97	
	Arrangements divers pour le culte, indemnité de voyages et courses, gratification à un évangéliste	410 »	} 3,356 77
	Adoucissements aux malades et convalescents et menus frais de correspondance pour eux.	368. 75	
	Divers voyages en diverses villes et dépenses faites par les aumôniers au nom de la Mission	646 45	
	Funérailles, etc.	255 60	

Total. 4,921ᶠ 25ᶜ

On se rappelle qu'au compte-rendu après la guerre d'Orient il restait en caisse. 16,298ᶠ 20ᶜ

En y ajoutant le montant des sommes reçues. . . 303 20

Et qui ensemble font. 17,601ᶠ 40ᶜ

Et en en retranchant la somme des dépenses ci-indiquées. 4,921 25

Il resterait en caisse la somme de. 12,680ᶠ 15ᶜ

Mais cette somme est diminuée par les dépenses encore courantes de la Mission en Chine. — Il faut donc attendre le compte-rendu de la Mission en Chine pour donner le chiffre exact de ce qui reste en caisse.

Paris. — Typographie de Mᵐᵉ Smith, rue Fontaine-au-Roi, 18.

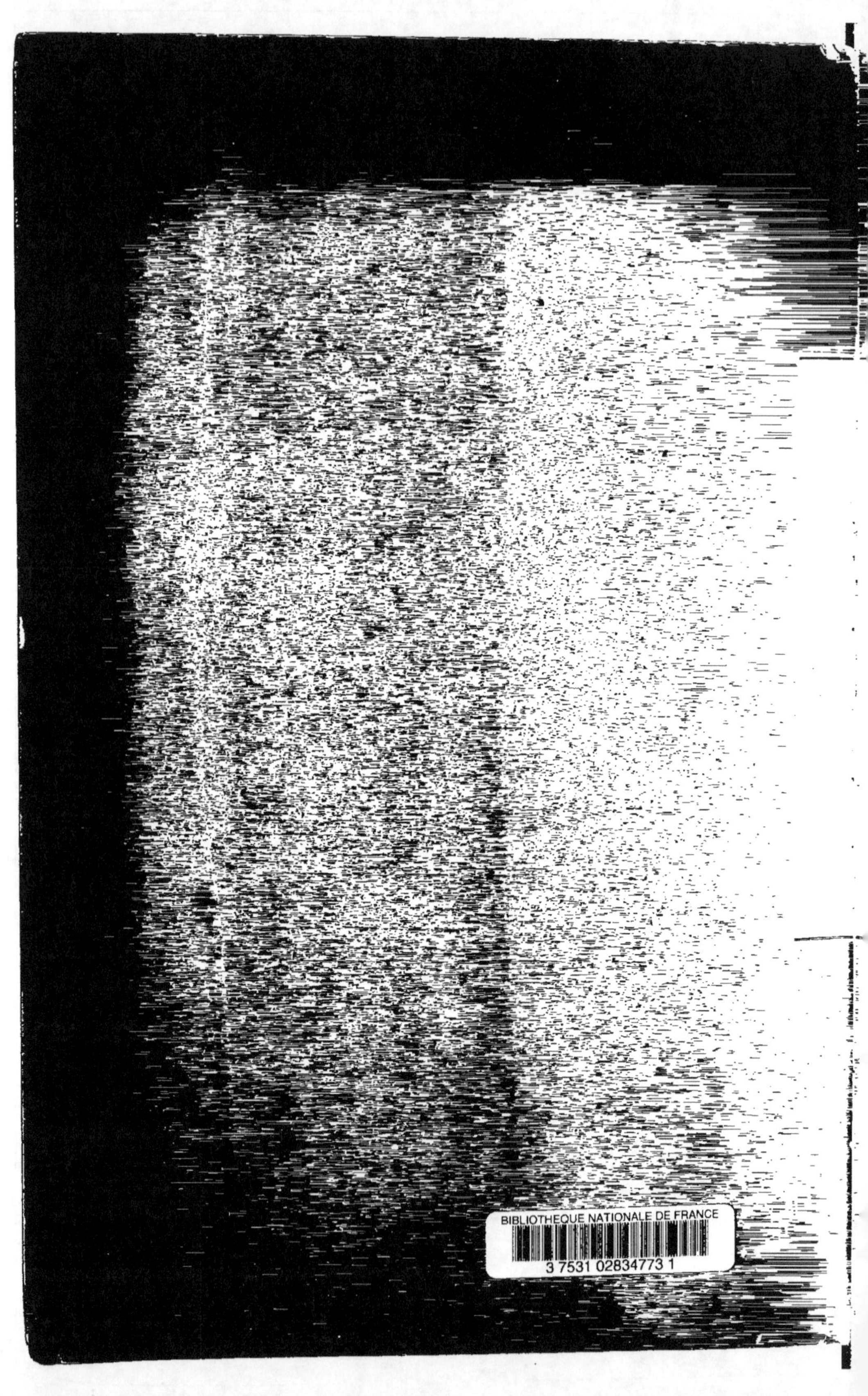